글·그림 크리스티안 보르스틀랍
네덜란드의 일러스트레이터이자 디자이너로, 광고 에이전시를 운영하고 있습니다.
암스테르담 동물원과 함께 첫 그림책 《This Thing Called Life》를 만들었습니다.
세계 최초 미생물 박물관인 마이크로피아와 함께 이 그림책을 만들었습니다.

옮김 최현경
서울대학교 아동가족학과를 졸업하고 오랫동안 출판사에서 어린이책을 만들어 왔습니다.
지금은 좋은 어린이책을 기획하고 우리말로 옮기는 일에 힘쓰고 있습니다.
그동안 옮긴 책으로 《바나나 껍질만 쓰면 괜찮아》, 《쿠키 한 입의 행복 수업》,
〈고양이 소녀 키티〉 시리즈, 〈별숲 세계 시민 학교〉 시리즈 들이 있습니다.

감수 이재열
서울대학교 농생물학과를 졸업하고 독일 기센대학교에서 바이러스 연구로 박사학위를 받았습니다.
독일 막스 플랑크 생화학 연구소에서 박사 후 과정을 수료하고 경북대학교 생명과학부 교수로
연구하며 학생들을 가르치다 지금은 명예 교수로 있습니다.
쓴 책으로는 《보이지 않는 보물》, 《바이러스, 삶과 죽음 사이》, 《미생물의 세계》,
《우리 몸 미생물 이야기》, 《자연의 지배자들》, 《보이지 않는 권력자》 등이 있습니다.

초판 1쇄 발행일 2021년 12월 15일 | **초판 2쇄 발행일** 2022년 6월 30일
글·그림 크리스티안 보르스틀랍 | **옮김** 최현경 | **감수** 이재열
펴낸이 유성권 | **편집장** 심윤희 | **편집** 김민지, 송지은, 황인희, 최성아 | **디자인** 레이나, 이수빈
마케팅 김선우, 강성, 최성환, 박혜민, 김단희 | **홍보** 김애정
제작 장재균 | **관리** 김성훈, 강동훈
펴낸곳 ㈜이퍼블릭(사파리) | **출판등록** 1970년 7월 28일(제1-170호)
주소 서울시 양천구 목동서로 211 범문빌딩 | **전화** 02-2651-6121 | **팩스** 02-2651-6136
홈페이지 safaribook.co.kr | **카페** cafe.naver.com/safaribook | **포스트** post.naver.com/safaribooks
블로그 blog.naver.com/safaribooks | **페이스북** facebook.com/safaribookskr | **인스타그램** @safaribook_

Is there life on your nose?
Copyright ⓒ Comme des géants, Varennes, Canada
Translation copyright ⓒ Epublic (Safari) 2021
This edition is published by arrangement with The Picture Book Agency, France through KidsMind Agency,
Korea. All rights reserved.
이 책의 한국어판 저작권은 키즈마인드 에이전시를 통해 Comme des géants와
독점 계약한 ㈜이퍼블릭(사파리)에 있습니다. 신 저작권법에 의해 한국 내에서 보호를 받는
저작물이므로 무단전재와 복제를 금합니다.

ISBN 979-11-6637-654-2(77400)

*이 책의 내용 일부 또는 전부를 재사용하려면 반드시 저작권자와 ㈜이퍼블릭 양측의 동의를 얻어야 합니다.
*사파리는 ㈜이퍼블릭의 유아·아동·청소년 출판 브랜드입니다.
*책값은 뒤표지에 있습니다.
*36개월 이상의 어린이에게 적합한 도서입니다. Printed in Korea

앗, 내 코에 미생물이 산다고?

글·그림 크리스티안 보르스트룹 | 옮김 최현경 | 감수 이재열

사파리

앗! 내 콧등에 무언가가 산다고요?

그래요. 콧등을 아주아주 크게 확대해 보면
수많은 생명체를 볼 수 있어요.
바로 미생물이랍니다.

눈에 보이진 않지만
미생물도 우리처럼 먹고 움직여요.
주변 환경을 느끼고 똥도 누지요.

미생물은 어디에나 있어요.
우리 몸 안이랑 몸 밖의 세상 모든 곳에요.
눈에 낀 안경과 방금 마신 음료수,
땅 위와 깊은 땅속에도 있답니다.

지구에서 가장 커다란 생명체가 무엇인지 아나요?
흰긴수염고래일까요, 세쿼이아 나무일까요? 아니에요.
바로 미국 블루마운틴산맥 아래에 사는 거대한 곰팡이랍니다.

2,400살이나 먹은 이 거대한 곰팡이는
약 10제곱킬로미터가 넘게 자라나 있어요.
운동장 1,300여 개를 합친 크기와 같지요.

지구에는 정말 정말 많은 미생물이 있어요.
만약 지구에 살고 있는 모든 사람을
작은 찻잔에 담을 수 있다면…,

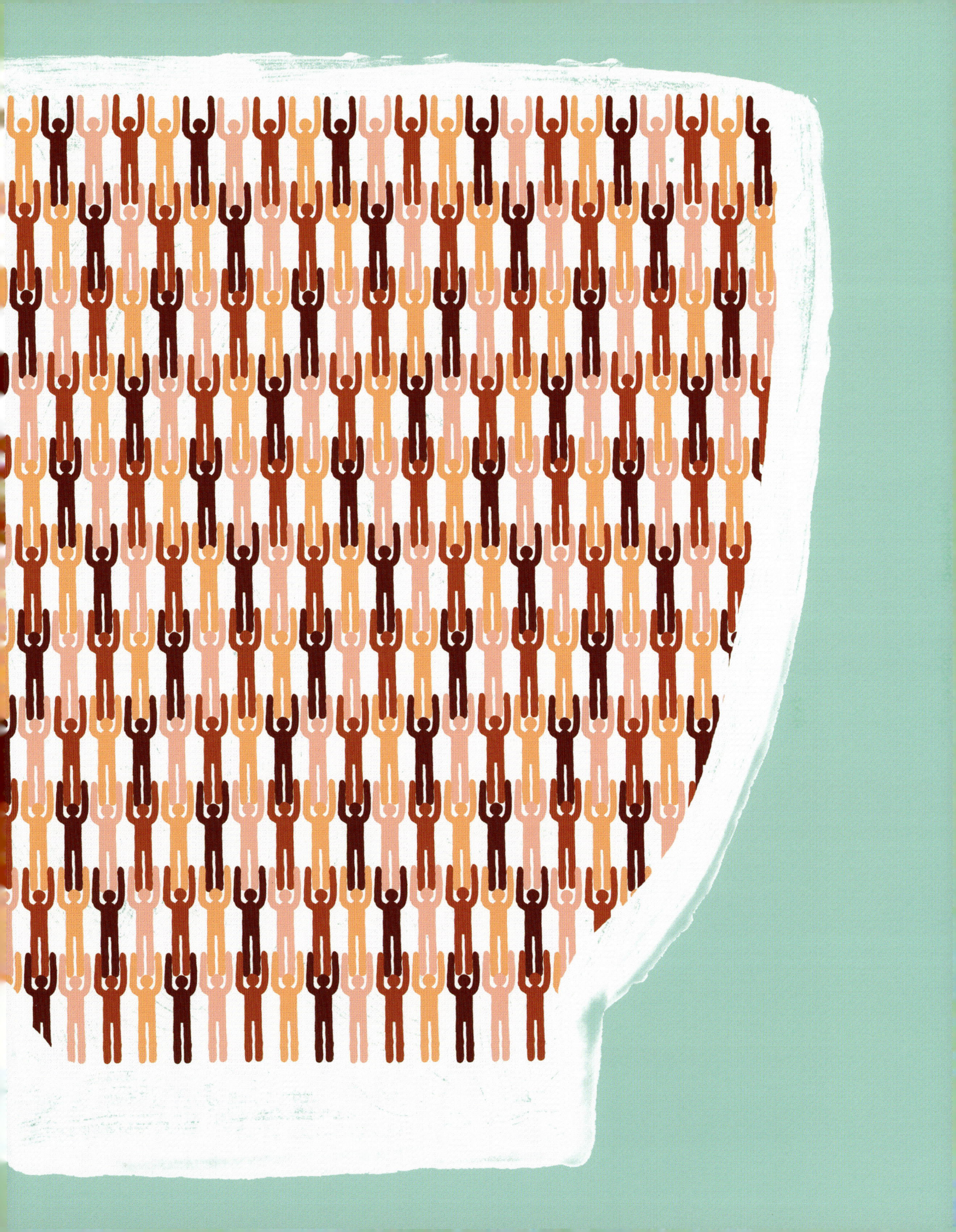

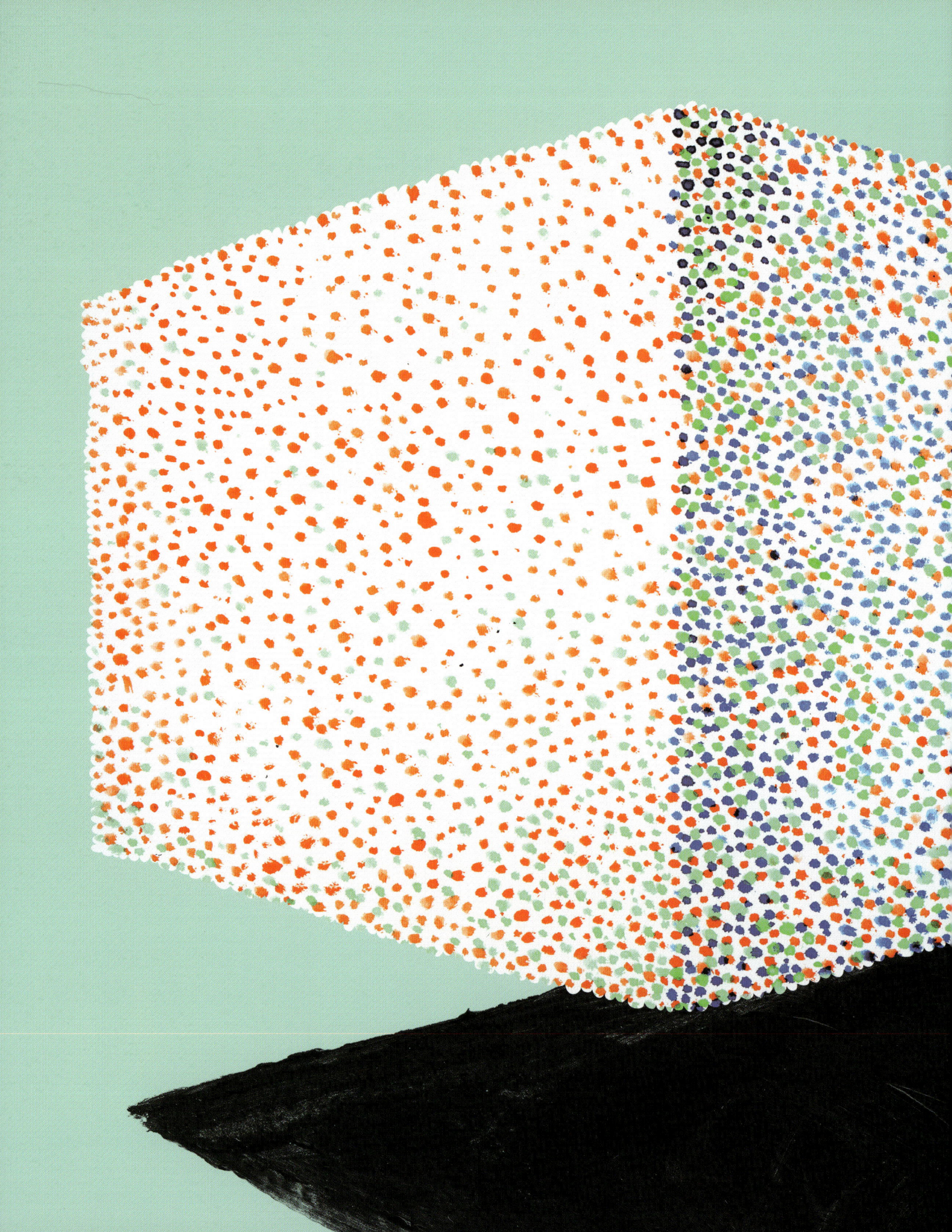

지구의 모든 미생물을 담으려면
아주 커다란 컨테이너가 필요할 거예요.
그만큼 지구에 사는 생명체 대부분은
눈에 보이지 않는답니다.

그뿐만이 아니에요.

미생물은 대가족을 꾸리는 데
하루도 채 걸리지 않아요.

미생물은 어디서든
잘 살아갈 수 있어요.
사람이 살기 힘든
건조한 사막과 짜디짠 바다,
펄펄 끓는 물에서도
살 수 있지요.

게다가 미생물은 무엇이든 먹을 수 있답니다.
딱딱하고 번쩍번쩍한 쇠붙이도 좋아해요.

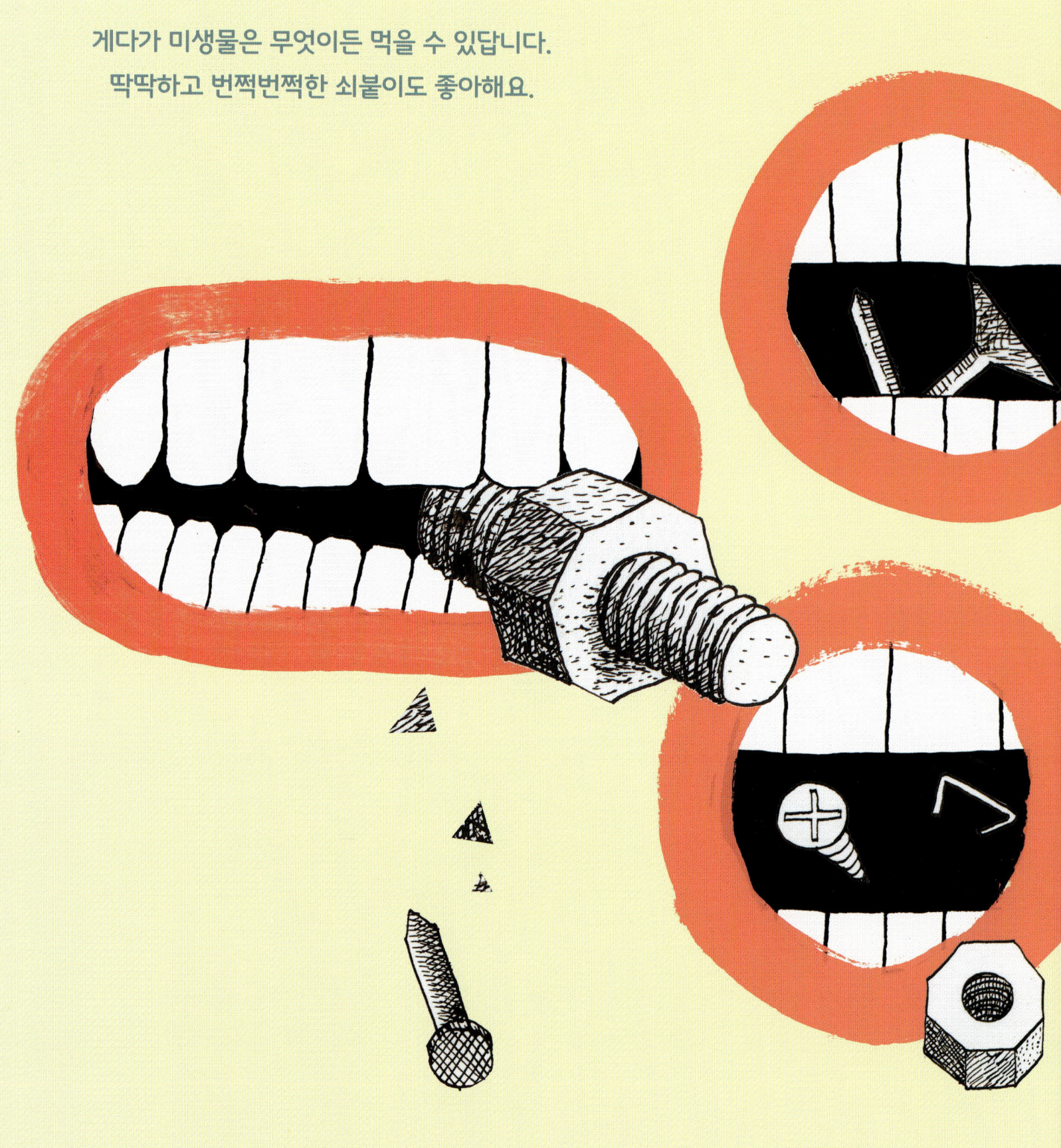

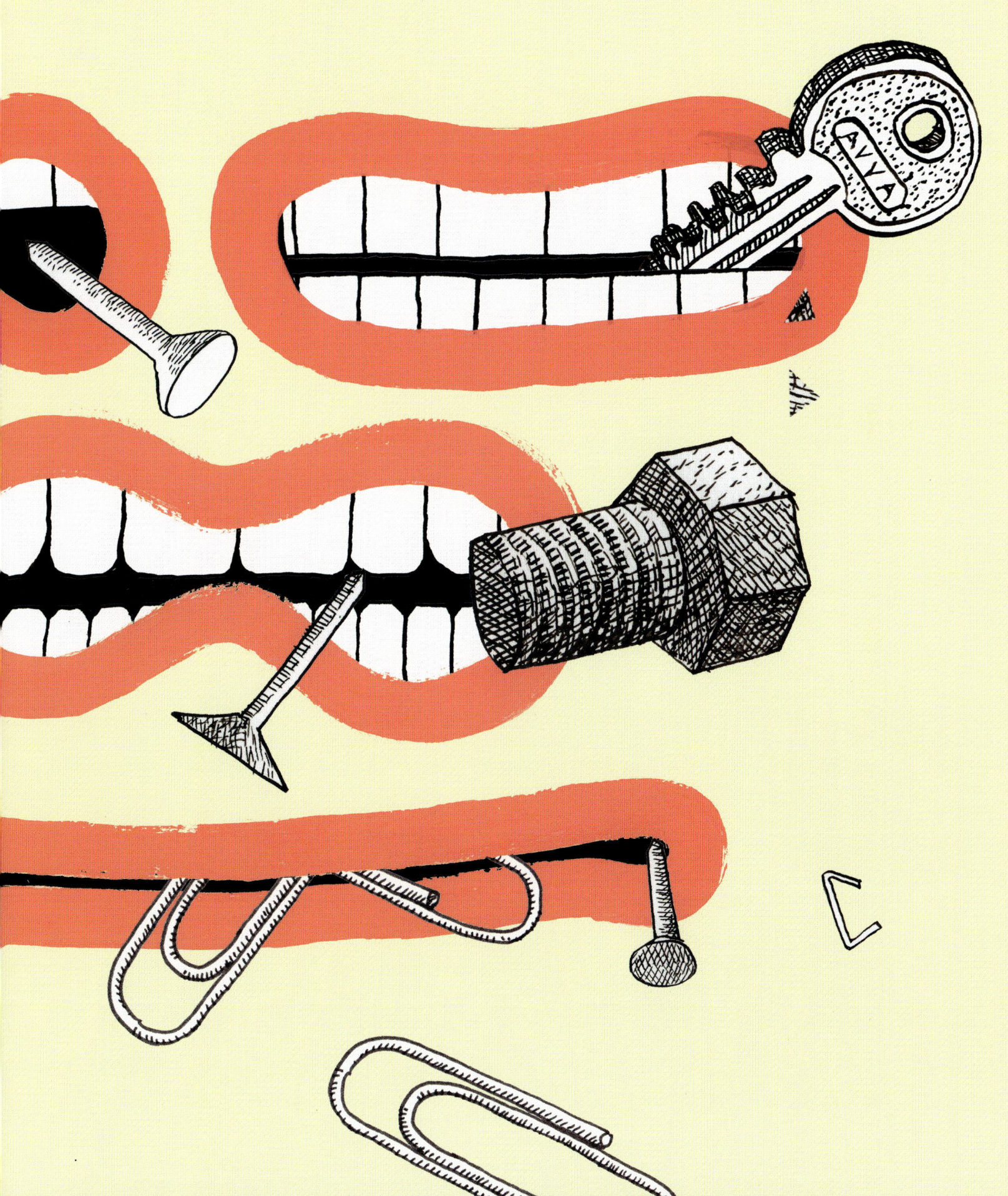

끈적끈적 미끌미끌한 석유를
좋아하는 미생물도 있지요.

미생물은 우리 몸속에 살면서
음식을 분해해 잘 소화하도록 도와줘요.
나쁜 미생물이 들어오면 싸우기도 하지요.

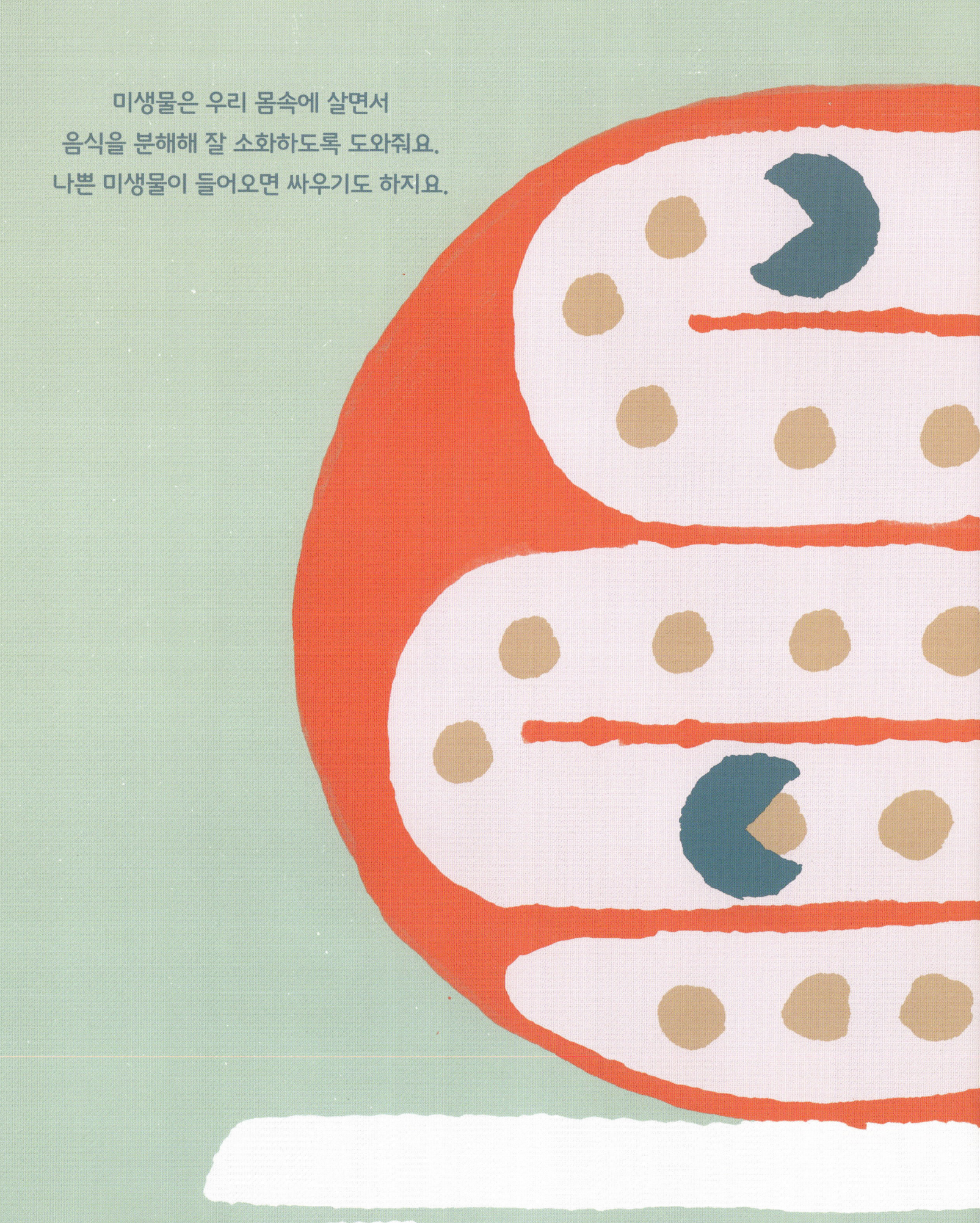

미생물이 없으면 맛있는 음식을 만들 수 없어요.
우리가 자주 먹고, 좋아하는 음식들 가운데
미생물을 이용해 만드는 게 많거든요.

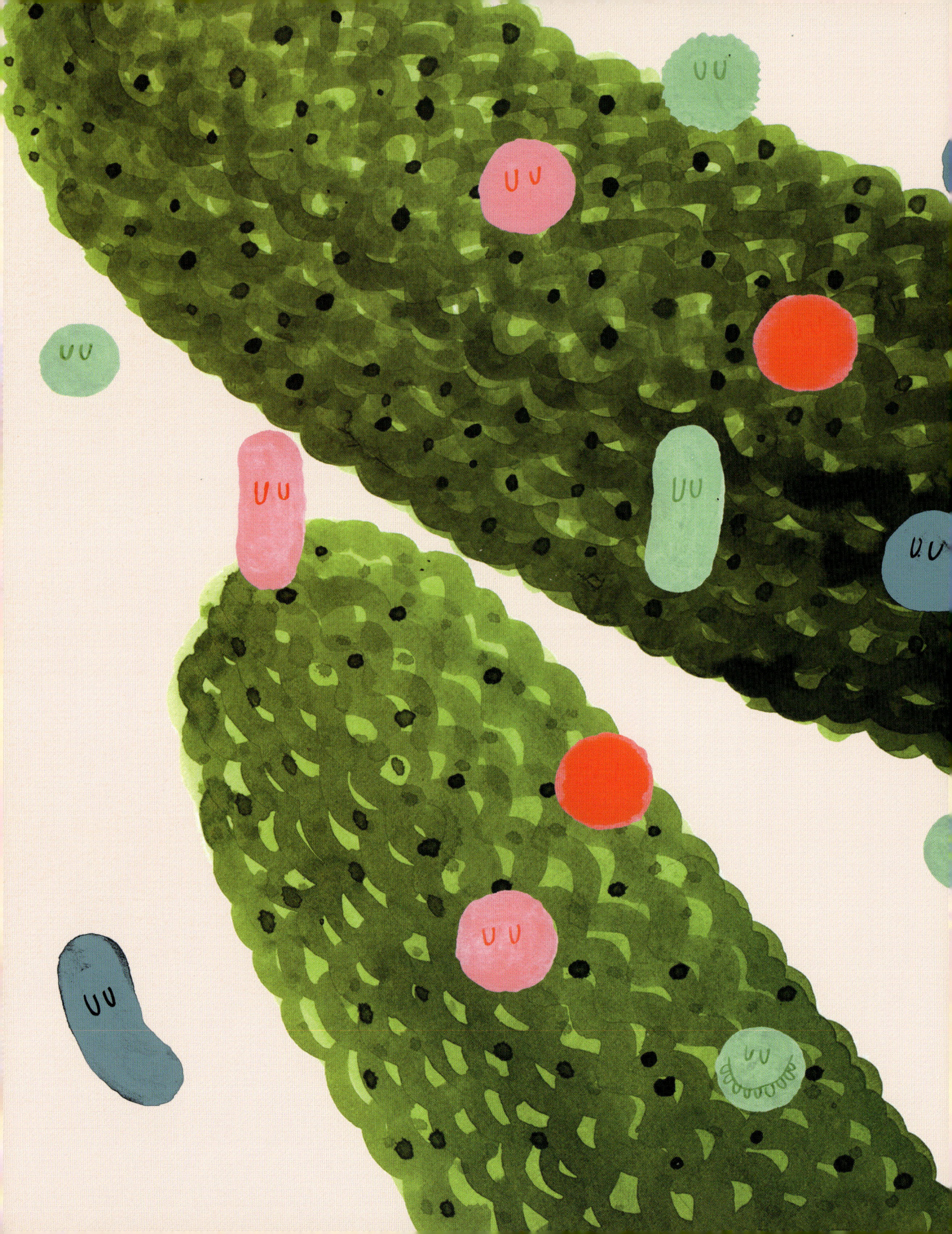

미생물은 식품을 발효시켜요.
빵이 폭신하게 부풀어 오르고,
김치랑 된장이 맛있게 익고,
피클이 새콤해지는 건
모두 미생물 덕분이지요.

그런데 우리를 아프게 하는 미생물도 있어요.
미생물의 하나인 바이러스는 우리 몸에 들어와
감기나 여러 질병을 일으키거든요.

바이러스는 사람들을 쉽게 전염시켜요.
다른 모습으로 재빨리 바꿀 수 있어서
치료제를 만들기가 어렵지요.
어떤 바이러스는 목숨을 앗아 갈 만큼
위험한 것도 있어요.

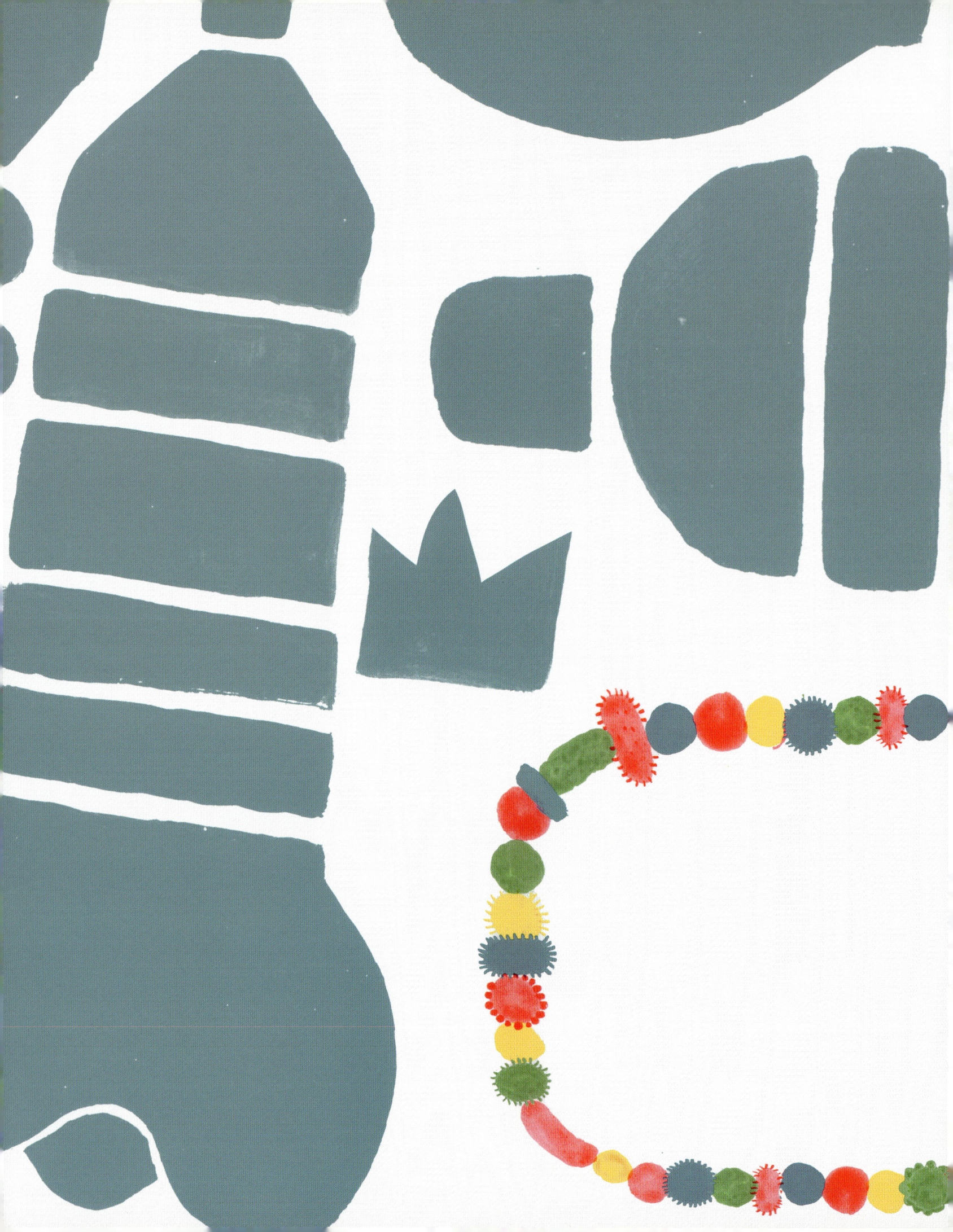

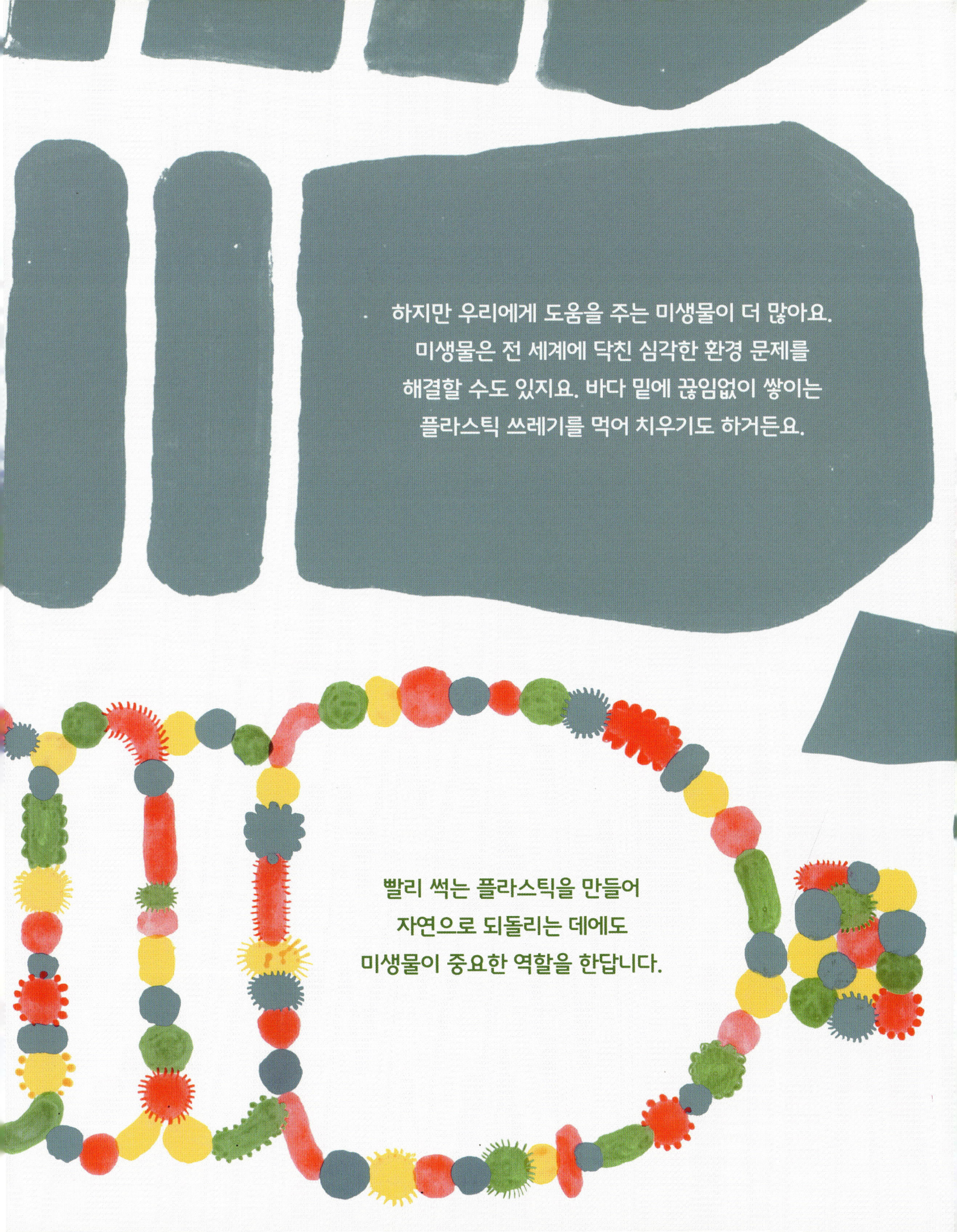

하지만 우리에게 도움을 주는 미생물이 더 많아요.
미생물은 전 세계에 닥친 심각한 환경 문제를
해결할 수도 있지요. 바다 밑에 끊임없이 쌓이는
플라스틱 쓰레기를 먹어 치우기도 하거든요.

빨리 썩는 플라스틱을 만들어
자연으로 되돌리는 데에도
미생물이 중요한 역할을 한답니다.

미생물을 이용하면 환경을 오염시키지 않는
깨끗한 에너지 바이오가스를 만들어 낼 수 있어요.

만약 모든 생물이 죽은 뒤 썩지 않는다면
우리는 지구에서 살 수 없을 거예요.

다행히 미생물이 죽은 생물을 분해시켜 깨끗이 치워 주지요.
미생물은 최고의 재활용 전문가랍니다.

35억 년 전, 지구에는 오로지 미생물만 있었어요.
그 미생물 덕분에 오늘날의 지구가 되었지요.
그러니 미생물이 없었다면 나도, 우리 가족도,
지구에 있는 모든 동식물들도 없었을 거예요.
미생물은 아주아주 x 250,000,000 오래된
우리의 조상인 셈이랍니다.

우리가 숨쉬려면 산소가 꼭 필요해요.
이렇게 소중한 산소는 식물 잎과 바다 미생물인 해조류에서 얻어요.
그만큼 미생물은 꼭 있어야 할 정말 고마운 생명체랍니다.

미생물은 비록 우리 눈에 보이지 않지만
지구에 사는 모든 생명체에게 꼭 필요해요.

그러니 내 몸과 주변에 머물고 있는
수많은 미생물을 잘 알고 함께해야 한답니다!

보이지 않지만 놀라운
미생물의 세계를 더 알아보아요!

**우리 콧등과 피부에는 아주아주
작은 생물들이 빽빽이 살고 있어요.
바로 미생물이랍니다.**

미생물이란 '눈으로 볼 수 없을 만큼 아주 작은 생물'을 뜻해요. 미생물로는 바이러스와 세균, 곰팡이, 효모, 원생동물 등이 있지요.

피부에는 셀 수 없이 많은 미생물이 살고 있는데, 대부분 세균이에요. 우리 피부 가로세로 1센티미터 안에는 수천 가지의 미생물이 백만 개 이상 살고 있어요.
미생물은 피부 바깥쪽과 땀샘, 피지샘, 털주머니(모낭) 같은 피부의 작은 구멍에도 살아요. 특히 축축하고 어두운 두 다리 사이와 겨드랑이를 좋아하지요. 우리 피부에 사는 세균을 합치면 1조 개나 되지만, 그 세균을 모두 모아도 작은 콩알 하나 정도랍니다.

우리 장 속에 사는 세균 수는 약 38조 개예요. 우리 몸을 구성하는 가장 작은 단위인 세포와 거의 비슷한 수의 세균이 살고 있지요.

**미생물도 우리처럼 먹고, 움직이고,
주변 환경을 느끼고, 똥도 누어요.**

미생물도 다른 모든 생물처럼 먹이를 먹고, 성장하고, 자신과 똑같은 미생물을 만들며 번식해요. 또 몸 안에 필요한 물질과 에너지를 얻은 뒤 생긴 노폐물을 밖으로 내보내지요. 미생물의 먹이는 다양해요. 어떤 미생물은 이산화탄소와 물을 분해하며 에너지를 얻고, 또 어떤 미생물은 빛을 흡수하거나 다양한 물질을 에너지로 만들어 사용한답니다.

미생물 가운데 세균은 하나 또는 여러 개의 편모가 달려 있어요. 편모는 미생물에 꼬리처럼 달려 있어 쉽게 움직일 수 있도록 도와주지요. 미생물은 눈, 코, 입 같은 감각 기관이 없지만, 특정한 환경 변화는 느껴 알 수 있어요. 그래서 어떤 세균은 편모를 움직여 먹이나 산소가 더 풍부한 곳으로 헤엄쳐 간답니다.

미생물은 보이지 않지만, 우리 몸과 세상 곳곳 어디에나 있어요.

네덜란드의 유명한 미생물학자인 마르티뉘스 베이예린크는 '바이러스'라는 용어를 처음 사용했어요. "모든 생명체는 어디에나 있다. 하지만 환경에 따라 번성하게 된다."라고 주장했지요. 그 뒤 네덜란드의 미생물학자 로렌스 바스 베킹이 그의 이론을 발전시켰어요. 캥거루는 오스트레일리아에 살고, 북극곰은 북극에 살아요. 야자나무는 무더운 곳에서 자라고요. 그렇다면 미생물은 어디에서 살까요?

미생물은 우리 몸 안팎은 물론, 집과 놀이터 등 가까운 곳뿐 아니라 다른 생물이 살기 힘든 곳에서도 살고 있어요. 미생물은 크기가 아주 작아서 지구 이곳저곳으로 쉽게 퍼져 나갈 수 있지요. 물이나 공기에 실려서, 혹은 철새를 따라 이동해요. 그러다 어딘가 도착했을 때, 그곳이 미생물에게 적합한 환경이면 정착하여 살아가기 시작하지요. 하지만 만약 미생물이 살기에 힘든 조건이면 금세 죽어 버려요.

지구에서 가장 커다란 생명체는 미국 블루마운틴산맥 아래에 있는 거대한 곰팡이랍니다.

버섯, 곰팡이, 효모 등을 균류라고 해요. 균류는 스스로 양분을 만들지 못하고 동물이나 식물, 썩은 유기물 등에 붙어서 살아요.
대부분 '균사'라고 부르는 가느다란 실을 통해 먹이를 얻는데, 여러 가닥이 모여 자라면 눈에 보일 만큼 커지지요. 그래서 버섯이나 곰팡이 등은 미생물에 속하지만 현미경 없이 볼 수 있는 거랍니다.
지구에서 가장 커다란 생명체는 미국 블루마운틴산맥 아래에 있는 곰팡이에요.

대부분 땅속에 묻혀 있고, 나무뿌리를 먹고 살지요. 일부는 땅 위로 올라와 버섯으로 자라서 '잣봉나무버섯'이라고도 불러요. 이 균류는 약 2,400년 이상 살았을 거라고 해요. 수백 그루의 나무뿌리에 얽히고설킨 채 축구장 1,350개 크기에 맞먹는 약 965헥타르에 걸쳐 펼쳐져 있지요. 한편 땅 위로 드러난 버섯 가운데 가장 큰 것은 중국에서 발견되었어요. 이 버섯은 약 20년 정도 되었고, 길이는 10미터, 무게는 450킬로그램가량이지요.

만약 지구의 모든 사람을 작은 찻잔에 담을 수 있다면, 지구에 있는 모든 미생물을 담으려면 커다란 컨테이너가 필요할 거예요.

세균은 하나의 세포로 이루어진 단세포 생물이에요. 고세균은 세균과 매우 비슷하게 생겼지만 세포막이 단단해 외부로부터 영향을 덜 받지요. 지구에 있는 세균과 고세균을 합하면 약 400~600양 개 정도일 거라고 알려져 있어요. 양은 1 뒤에 0이 28개나 붙은 엄청나게 큰 숫자 단위지요. 미생물의 수는 사람이 사용하는 숫자로 표현할 수 없을 정도로 많다고 알려져 있답니다. 새끼손톱 크기 정도의 흙 1그램 속에는 미생물 약 10~30억 마리가 있어요.

미생물은 대가족을 꾸리는 데 하루도 채 걸리지 않아요.

세균은 일정한 시간마다 2배씩 늘어나요. 우리 몸속 대장(큰창자)에는 수많은 대장균이 살고 있어요. 대장균은 아주 빨리 번식할 수 있어서, 다 자란 세균이 되기까지 20분밖에 걸리지 않아요. 만약 영양분이 충분하다면 대장균 하나가 4시간 동안 4,096개로 늘어나고, 약 30시간 뒤엔 지구 전체를 뒤덮을 만큼 늘어날 수도 있지요. 다행히 우리 몸속에서는 천천히, 하루나 이틀에 한 번씩만 늘어나요. 지구에서 가장 빠른 속도로 늘어난다고 알려진 세균은 '비브리오 나트리겐스'인데, 우리에게 전혀 해롭지 않은 바다에 사는 세균이지요.

미생물은 다른 생명체가 도저히 살기 힘든 곳에서도 살 수 있어요.

미생물은 지구에서 가장 오랫동안 살아온 생명체예요. 그래서 사람이나 동식물은 살 수 없는 엄청나게 춥거나 덥거나 건조한 환경에서도 적응하며 살아왔지요.

세균은 얼핏 겉보기엔 비슷비슷하게 생겼어요. 현미경으로 보면 작은 공이나 막대기, 나선 모양에, 보통 하나 이상의 편모가 달려 있지요. 하지만 세균의 종류는 정말 다양해요. 여러 가지 방법으로 먹이를 먹고 여러 가지 물질을 변형시킬 수 있으며, 매우 특별한 방법으로 다양한 환경에 적응할 수도 있지요.

고세균 등 몇몇 미생물은 다른 생물이 살기 힘든 혹독하고 거친 환경에서도 살 수 있어요. 극한 환경을 좋아하는 세균이란 뜻으로 '극한 세균'이라고도 불러요. 미국 옐로스톤 공원의 온천이나 깊은 바닷속의 섭씨 80도 이상의 뜨거운 간헐천에서도 살아남는 세균이 있어요. 사해처럼 소금기가 짙은 물속에서, 또는 아타카마 사막이나 남극 같은 바싹 메마른 땅에서 살아남는 세균도 있고요.

미생물학자들은 극한 환경에서 살아남는 미생물을 연구하며 어떻게 우리에게 적용할 수 있을지 생각해요. 어떤 미생물은 섭씨 영하 15도에서도 성장하고, 어떤 미생물은 120도나 되는 뜨거운 곳에서도 살 수 있어요. 산성이 매우 강한 곳에서 살아가는 미생물도 있답니다.

미생물은 쇠붙이도 먹을 수 있어요.

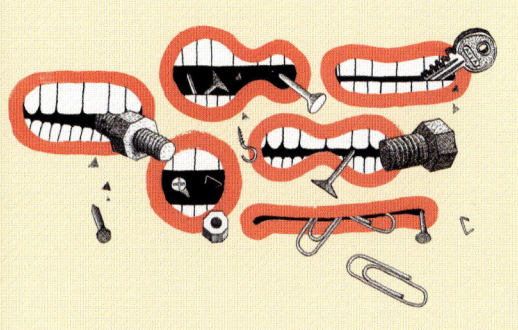

철은 지구에서 가장 풍부한 금속이에요. 오늘날 선박, 철도, 자동차를 비롯해 건물, 도로, 다리 등의 건축물과 다양한 기계와 도구를 만드는 데 써요. 이렇게 다양한 곳에 사용되는 단단한 철을 먹이로 삼는 미생물도 있어요.
철과 산소가 결합하는 것을 '산화'라고 하는데 이때 생기는 에너지를 이용해 살아가지요.

철을 변형시키는 미생물은 여러 가지예요. 가장 잘 알려진 것은 '철세균'인데, 종종 철이 많은 웅덩이나 도랑물 표면에 얇게 떠 있는 붉은 막을 볼 수 있어요. 철세균은 러시아의 미생물학자 세르게이 위노그라드스키가 1880년대에 처음 발견했는데, 아주 많은 철을 변형시켜 에너지를 얻는다는 사실을 알게 되었지요.

석유를 먹는 세균도 있어요.

해마다 100만 톤이나 되는 석유가 바다로 흘러들어요. 그 가운데 50퍼센트는 자연적으로, 40퍼센트는 사람들이 사용하다가, 9퍼센트 미만은 사고로 흘러들지요. 석유가 바다에 흘러들면 물고기들이 숨쉴 수 없고, 새들의 날개가 석유에 젖어 날지 못해요. 몇몇 세균과 곰팡이는 이런 상황에서 석유를 먹이 삼아 바다가 깨끗해지도록 도와준답니다.

미생물은 우리 몸속에 살면서 우리가 먹은 음식의 소화를 도와줘요.

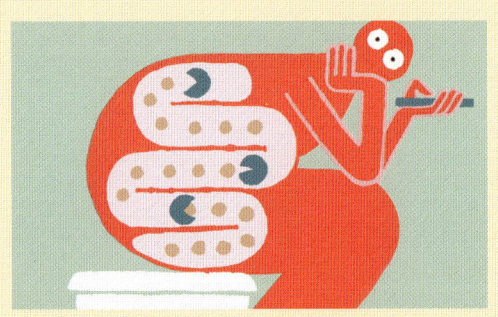

우리가 음식을 먹으면 입, 식도, 위, 간, 대장(큰창자) 등 여러 소화 기관을 차례로 지나며 잘게 부서지고, 영양분을 흡수해요. 우리 몸속 대장(큰창자)에 가장 많은 미생물들이 살아요. 소화 기관이 미처 흡수하지 못한 음식물을 분해하여 소화를 도와주지요. 어떤 세균은 물의 흡수를 도와서 똥이 너무 묽지 않게 해 주고, 어떤 세균은 장내 단백질을 먹고 악취를 만들기도 한답니다.

초식 동물의 먹이인 풀에는 식이 섬유가 많아 미생물들의 도움이 꼭 필요해요. 미생물은 보통 초식 동물들의 장속이나 소, 양, 사슴, 기린 같이 되새김하는 동물의 특수한 소화 기관인 되새김위(반추위)에서 살고 있어요. 미생물들은 먹이를 분해하며 이산화탄소, 수소, 메탄가스 등을 만든답니다.

미생물은 식품을 발효시켜요.

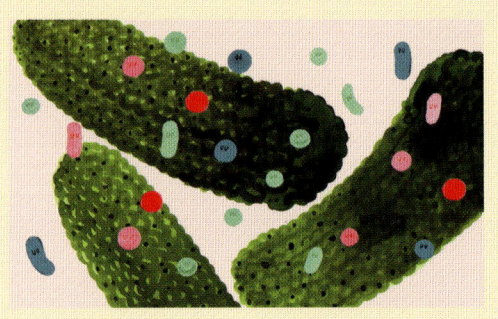

미생물은 많은 음식을 만들 때 이용돼요. 보통 빵을 만들 때 균류의 하나인 효모를 사용하지요. 효모는 반죽에 섞인 당분을 먹고 알코올과 이산화탄소를 내놓아요. 이때 이산화탄소는 빵 반죽을 부풀리지요. 또 포도주와 맥주 같은 술을 만들 때도 쓰여요. 술에 담긴 톡 쏘는 알코올은 효모에 의해 만들어진답니다.

우리가 자주 먹는 김치, 요구르트, 치즈, 된장, 식초 등은 여러 가지 미생물로 만들어요. 이것을 발효라고 하지요. 우리의 고유 음식인 김치도 미생물의 하나인 유산균으로 만들어요.

배추를 소금에 절일 때 유산균이 활동하면서 젖산을 만들어 내요. 그러면 김치가 상큼하고 시원한 맛으로 익어 가지요. 김치는 몸에 좋은 유산균과 영양소가 많을 뿐 아니라 유해한 세균을 억제하고 소화가 잘 되도록 도와준답니다.

치즈도 다양한 미생물을 활용해 만들어요. 미생물에 따라 모차렐라 치즈, 스위스 치즈, 카망베르 치즈 등 치즈의 종류가 다르고 맛도 다르지요.

미생물은 우리를 아프게 하지만, 우리에게 도움을 주기도 한답니다.

미생물 가운데 바이러스는 가장 작고 가장 특이해요. 보통 바이러스도 미생물에 포함되지만 먹지도, 자라지도 않아서 살아 있는 생명체로 보기 힘들어요. 바이러스는 오로지 번식을 위해 동물이나 식물, 세균에 기생하며 살면서 동물과 식물을 공격해 질병을 일으키곤 해요. 바이러스는 20~500나노미터 정도로 아주 작아요. 1나노미터는 1밀리미터를 100만분의 1로 쪼갠 값이지요. 바이러스의 수는 다른 미생물들보다 훨씬 많아요.

지금까지 6,000여 종에 이르는 바이러스가 밝혀졌는데, 아마 모든 바이러스 가운데 극히 일부일 거예요. 바이러스는 모양도 가지각색이지만, 대개는 막대, 공, 20면체 모양이에요. 세균에 주로 기생하는 박테리오파지는 특이하게 달 착륙선처럼 생겼지요. 바이러스는 우리 몸속 세포에게 새로운 바이러스를 만들라고 명령하지요.

수많은 바이러스가 만들어지면, 세포가 터지면서 쏟아져 나와요. 그런 다음 더 많은 세포를 감염시키지요.

바이러스는 일반적인 감기뿐 아니라 후천 면역 결핍증(에이즈), 에볼라 출혈열, 코로나 19처럼 심각한 감염병을 일으켜요. 사람들은 백신을 접종하여 면역 체계를 만들거나, 일부 약품으로 감염을 늦추기도 하지요. 그렇다고 모든 바이러스가 우리에게 나쁜 것은 아니에요. 만약 바이러스가 없었다면 포유동물의 태반이 만들어지지 않아서 우리도 존재하지 못했을 거예요. 어떤 바이러스는 살충제로 이용되기도 하고, 식물이 가뭄에도 잘 자랄 수 있게 도와주거나 견디는 힘을 키워 주기도 해요. 많은 과학자들이 바이러스를 이용해 암이나 유전병을 치료하는 방법을 연구하고 있답니다.

미생물은 플라스틱 쓰레기 문제를 해결할 수 있어요.

플라스틱은 사람이 만들어 낸 화학 물질이에요. 플라스틱은 석유로 만드는데, 가볍고 편리해 일회용 컵, 빨대, 장난감 등 우리 생활에 아주 많이 쓰이지요. 그런데 오늘날 플라스틱이 심각한 환경 문제가 되고 있어요. 플라스틱은 썩는 데 몇 백 년이 걸리는 데다 물에도 녹지 않아 우리가 사는 지구를 병들게 하거든요. 수많은 플라스틱이 바다와 호수, 숲과 들판, 도시의 길거리에 버려져, 그곳에 사는 동식물들이 피해를 입고 있지요.

미생물이 플라스틱 쓰레기로 인한 문제를 해결하는 데 큰 도움을 줄 수 있어요. 최근 파키스탄의 쓰레기 더미에서 발견된 플라스틱을 분해하는 곰팡이에 대한 연구가 활발히 진행되고, 우리나라에서도 플라스틱을 분해할 수 있는 미생물에 대해 적극적으로 연구하고 있지요. 또 식물과 미생물을 활용해 분해가 쉬운 플라스틱을 만들고 있어요. 옥수수 전분에 효소와 유산균을 이용해 만든 폴리젖산이 대표적이에요. 그 외에도 폴리카프로락톤이나 폴리비닐알코올 등 다양한 플라스틱을 개발하고 있답니다.

미생물이 만들어 낸 바이오가스는 환경을 오염시키지 않는 깨끗한 에너지랍니다.

늪이나 연못의 바닥을 막대기로 찔러 보면 기체가 거품처럼 보글보글 올라와요. 이 기체는 논이나 개울, 도랑 바닥의 진흙에 사는 메탄 세균이 만들어 낸 메탄가스예요. 메탄가스는 미생물에 의해 동식물이 부패하며 만들어져요. 메탄 세균은 초식 동물의 되새김위나 사람의 장에 살면서 소화를 돕기도 하지요. 동물이 되새김하거나 사람이 트림하고 방귀를 뀔 때도 메탄가스가 나온답니다.

메탄가스는 지구의 온도를 올리는 '온실가스'의 주범이라고 알려져 있어요. 그러나 잘 활용하면 환경을 오염시키지 않는 깨끗한 에너지로 쓸 수 있지요. 메탄 세균 등 여러 미생물을 이용해 하수 찌꺼기나 똥을 처리하면 이때 발생하는 수소, 메탄가스 등으로 발전기를 돌려 전기 에너지를 얻을 수 있거든요. 또 바이오가스를 정제하면 자동차, 기차 및 도시 가스의 원료로 사용할 수도 있어요.

미생물은 최고의 재활용 전문가예요.

땅과 바다에 사는 미생물은 유기물 쓰레기와 죽은 동식물을 분해하여 썩게 해요. 또 어떤 미생물은 우리가 사용한 더러워진 물을 정화시키지요. 폐수 처리장에 모인 오염된 물을 정화시킬 땐 꼭 세균이 필요해요.

이때 진흙처럼 부드러운 덩어리 모양으로 뭉쳐 있는 세균이나 원생동물 등을 활용하지요. 탱크 안의 세균에 충분한 산소를 공급해 유기물을 분해하면 물이 맑아진답니다.

35억 년 전, 지구에서 가장 먼저 생겨난 생물은 세균이었답니다.

지구가 처음 생겨났을 땐 지금의 모습과 많이 달랐어요. 기온이 무척 높고, 산소도 부족해 생명이 살 수 없었지요. 그런 지구에 가장 먼저 살기 시작한 생명체는 바로 세균이에요. 미생물은 오랫동안 지구에 사는 유일한 생물이었고, 약 15억 년쯤 지났을 때 스스로를 보호하기 위해 점차 서서히 변해 갔어요.

환경에 적응하기 위해 서로에게 없는 능력을 지닌 세균끼리 합쳐지면서 더 강한 세균이 되었을 것으로 추측해요. 이후 세균은 원생동물, 균류, 조류 등 다양한 모습의 미생물을 거쳐 몸집이 큰 동식물까지 이르렀어요. 어떻게 보면 세균은 지구에 있는 모든 생명체의 조상인 셈이지요.

미생물이 없으면 우리는 제대로 숨쉴 수 없어요.

약 27억 년 전, 지구의 환경을 크게 바꾸어 놓은 미생물이 등장했어요. 예전에는 '남조류'라고 불렸던 '남세균'이었지요. 남세균은 오늘날 식물처럼 빛을 이용해 이산화탄소와 물로부터 산소를 만들어 내요. 몇 억 년 동안 남세균은 점점 늘어났고, 지구에 있는 산소량도 점차 늘어났지요. 남세균이 만들어 낸 산소의 일부는 대기의 상공에서 오존으로 바뀌었고, 태양으로부터 오는 자외선을 흡수하는 오존층이 되었어요. 그러자 자외선 때문에 물속에서만 살던 생물들이 점차 육지로 나올 수 있었지요. 그렇게 남세균 덕분에 점차 지구의 환경이 바뀌어 갔답니다.

오늘날 지구의 산소 대부분은 육지 식물과 바다 미생물인 해조류가 만들어 내요. 산소를 만들어 내는 녹색 빛을 띄는 식물과 녹조류의 세포들은 남세균의 후손들이랍니다.

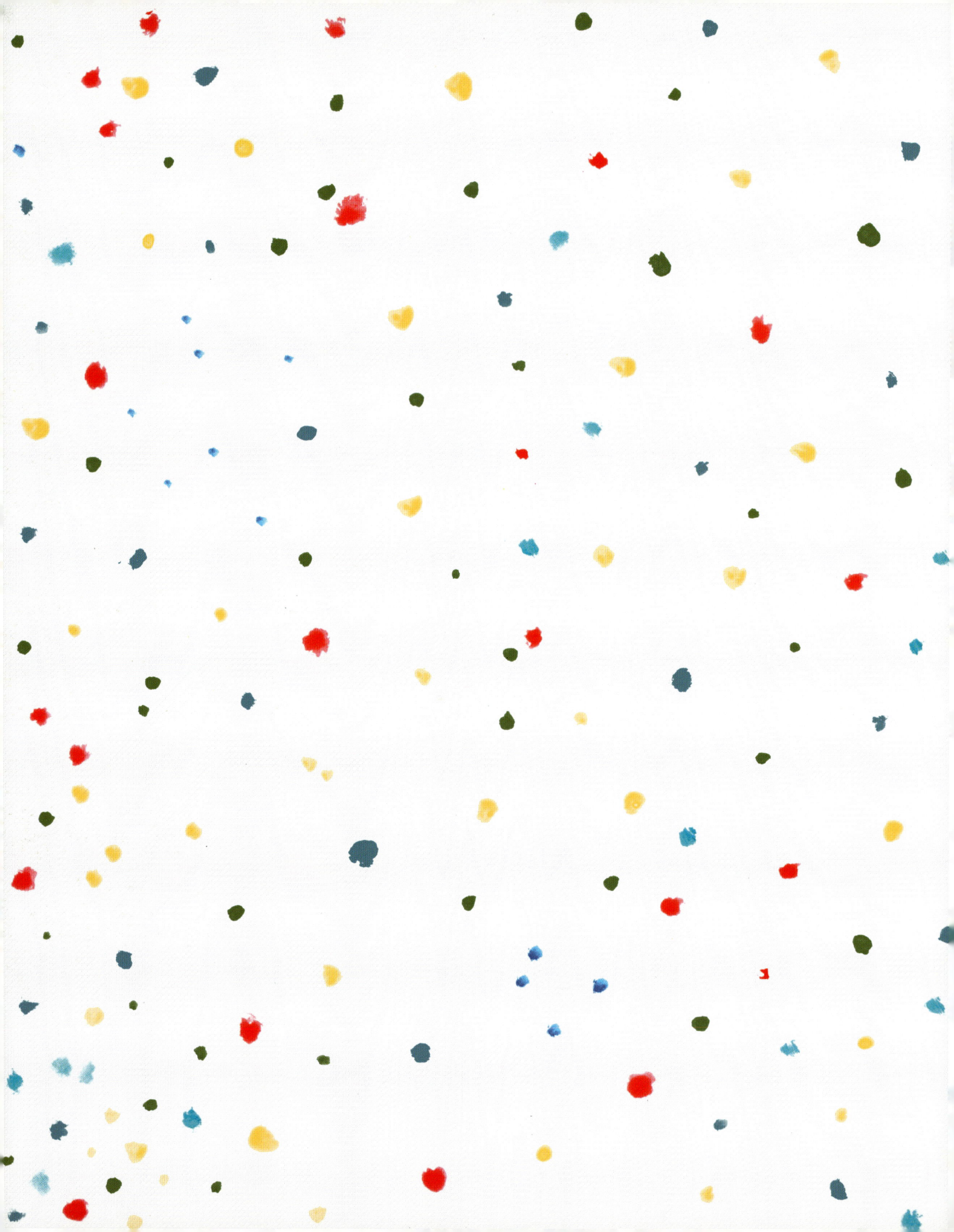

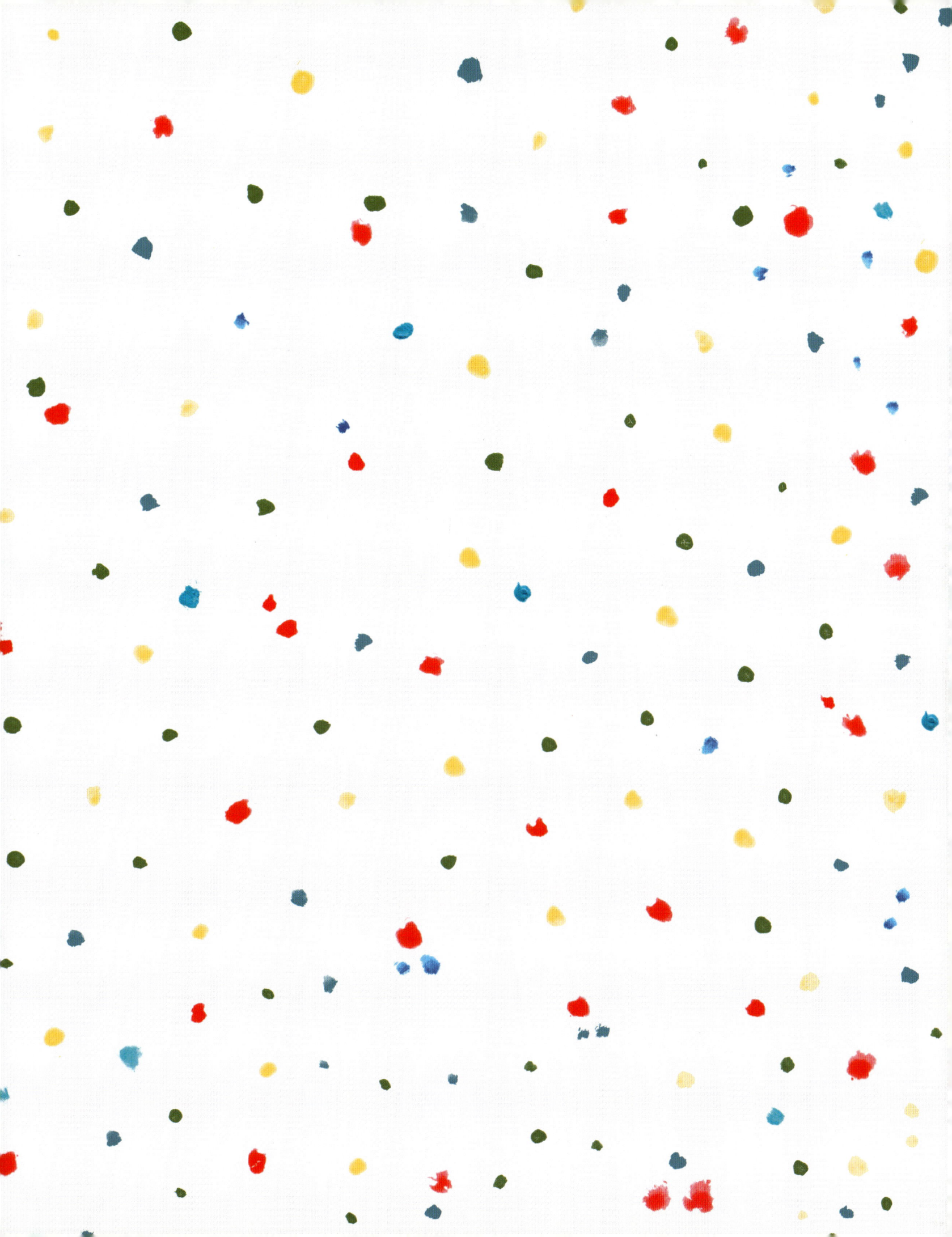

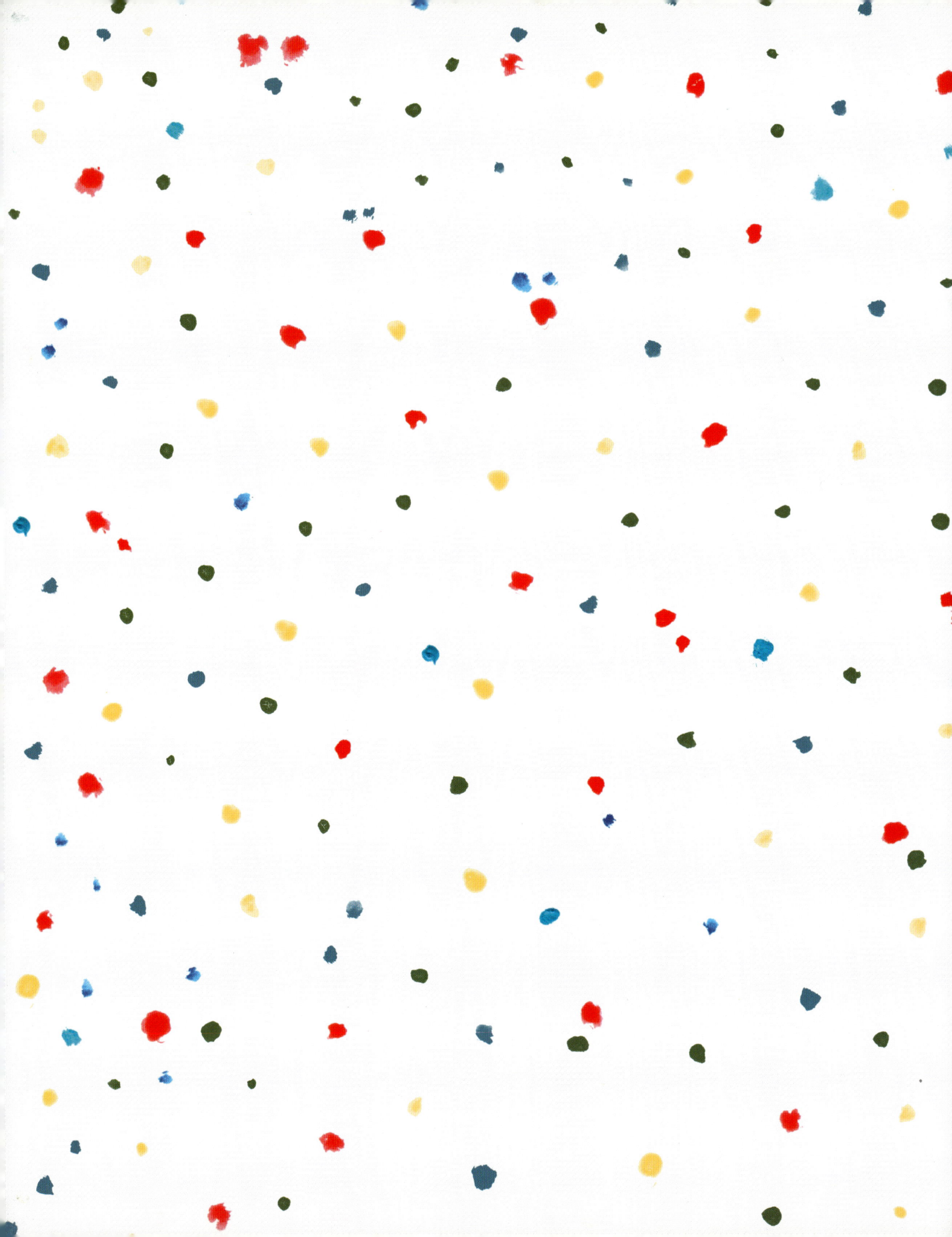